RESPIRO

ARMANDO FREITAS FILHO

Respiro

Copyright © 2024 by Armando Freitas Filho

Grafia atualizada segundo o Acordo Ortográfico da Língua Portuguesa de 1990, que entrou em vigor no Brasil em 2009.

Capa
Kiko Farkas/ Máquina Estúdio

Preparação
Silvia Massimini Felix

Revisão
Jane Pessoa
Marina Nogueira

Dados Internacionais de Catalogação na Publicação (CIP)
(Câmara Brasileira do Livro, SP, Brasil)

Freitas Filho, Armando
   Respiro / Armando Freitas Filho. — 1ª ed. — São Paulo : Companhia das Letras, 2024.

   ISBN 978-85-359-3778-7

   1. Poesia brasileira I. Título.

24-218799   CDD-B869.1

Índice para catálogo sistemático:
1. Poesia : Literatura brasileira B869.1

Cibele Maria Dias – Bibliotecária – CRB-8/9427

Todos os direitos desta edição reservados à
EDITORA SCHWARCZ S.A.
Rua Bandeira Paulista, 702, cj. 32
04532-002 — São Paulo — SP
Telefone: (11) 3707-3500
www.companhiadasletras.com.br
www.blogdacompanhia.com.br
facebook.com/companhiadasletras
instagram.com/companhiadasletras
x.com/cialetras

Ao Drama

Sumário

Longe, 11
Luta letrada, 13
Zero bala, 14
Reza, 15
Maré ou marasmo, 16
Livro ilustrado, 17
Para este papel, 18
Sua pele, sua palma aberta, 19
Estas folhas não numeradas, 20
Contar, 21
Maresia, 22
Toca, 23
Perdidos, 24
Reler, 25
Rascunho, 26
Tentativa no computador marca olho, 27
Dedo na garganta, 28
In memoriam, 29
Violino solo, 30
Através, 31
Um, 32
Vencer e sofrer, 34
Orlando-se, 35
Machadianos, 36

Distopia, 37
S/ título, 38
Assim sinto-me, 39
Carta à mulher secreta, 40
Tira, 41
Em dezoito linhas, 42
Em quatorze linhas, 43
Torneio, 44
Tigres tiros, 45
Findo, 46
Criação, 47
Sextilha arrítmica, 48
De um relatório de 05.04.88; 14:30, 49
À beira, 50
Caminho, 51
Sem saída, 52
Dedo de Deus, 53
Arte da costura, 55
Cromo, 56
Retro, 57
Trinca, 58
Bilhete, 59
***, 60
Marinha, 61
Jardim, 63
Cavalo, 64
Vingança, 65
Mafuá, 66
Fecho, 67
Ação!, 68

Perfil, 69
Passagem 1, 70
Passagem 2, 71
Loba, 72
Um sonho de Sônia, 73
Antenas, 74
Escorrega, 75
Armando disse de Alice, 76
O bocado, o hálito da pedra, 77
Brasília, pelo telefone, 78
Queda, 81
Para V. K., 82
Luto e lego, 83
Expo no CCBB dos restos mortais da máquina marca CDA, 84
Ensaio perpétuo, 89
A carta facetada, 90
Alegria e dor, 91
Nada de mais, 92
Corcovado, 93
Postal do Rio, 94
Localidade, 95
Finais, 96
Espera, 97
No ringue do lar, 98
Envoi, 99
Imóvel, 100
Móvel imóvel, 101
Tabuada, 103
Sozinho, 104
Uma noite, 105

Crítica de cinema, 106
O estado crítico da casa do crítico, 107
Luta, 108
Cozinha, copa e sala de jantar, 109
Pior agora de noite, 110
Em pé de guerra, 111
Entrelinhas, 112
Quadro, 113
CDA: *o Rio hoje*, 114
A carta impossível em duas versões, 115
Última sessão, 116
Sobre o filme *Miss Violence* de Alexandros Avranas, 117
Hulot, 118
Duas em uma?, 119
Agora, 120
Confissão, 121
Pena, 122
Friagem, 123
Perdição X, 124
Medo de ter medo, 125
De hora em hora, 126
A luz cadáver, de isqueiro, 127
Toda casa é toda feita, 128
Uma espécie de fuga, 129
Calendário, 130
Outro lugar, 132
Dia a dia, 133

NUMERAL, 135

Do autor, 157

Longe

O risco é o do horizonte:
aqui — *princeps* — em ponta fina.
Além, é o precipício
onde, cerce, termina
a peripécia do som
e se inicia a linha da voz
pontilhada e no limite.

Ao longe
      versos longos e lentos como barcos
viajam
      ao largo, fora do alcance
da mão: nuvens navegantes naus
sem flâmulas
algas ou algumas frases nuas
na linha do horizonte
que naufragam e fracassam
um instante antes de falar.

Presas em flagrante
as frases naufragadas
não anunciam nada.
Não navegam em nenhuma nave:
soçobram os sentidos prestes
a se afogar

como as pedras
sem a casca da voz
à margem
        longe da costa.

Luta letrada

Escrever é escalar
através do que vai surgindo
e crescendo pedra por pedra
encaram-se mirando cara a cara.
Encravados diante de nós
ásperos de vez em quando
aparafusados em linhas
letra por letra perto um do outro
com parentescos de vez em quando
nas quedas de braço
cada um com o seu truque.
O mais velho não enferrujou
muito pelo contrário
e o outro mais moço
tentou se muscular mais
para tentar o empate final.

Zero bala

A vida tem um vigor
que o corpo não comporta
por mais que se prepare.
No mesmo passo, a natureza
caminha para o zero
como o seu fruto principal
que se gasta quanto mais
se apura na terra estreita
e por instinto busca no espaço
campo para se alçar, crescer
no sentimento e gesto
em uma nova combinação
de interferências e insumos
despoluídos até o impossível
com órgãos sem discrepância
que não contrariam as fontes
nem se desgastam em nenhum
desvio de doença ou perda
de força, suportando o sopro
o porte da pureza possível —
original — sem marca de pecado.

Reza

Livro sagrado, livro dos sonhos
de cabeceira, das mil e uma noites
livro de horas, branco, negro, de ouro
livro aberto, mestre, ou razão
livro de tombo, ponto, dos mortos, de carne
de protocolo, de arte, de bolso, de espiral
livro de quarenta folhas, de registro, didático
eletrônico, livro em rolo, fiscal, tabular
xilografado, xerox, cassete, digital, e-book
livro livre do vidente.

Maré ou marasmo

Salve-me de mim
no mar, na maré de amanhã
onda por onda — crespas —
parecidas, mas no fundo
o sistema é outro
exige ao olhar — atenção —!
Se quiser descobrir, mergulhe
se não, veja como se fosse igual
e o dia pode não passar
que é o que eu quero
que não quebre nada
se equilibre no marasmo
na linha dessa ilusão.
E a noite da véspera
pior como costumam ser todas
abre uma nesga de nuvem
que permite uma gota de luar.

Livro ilustrado

Sou da casa.
Sou a casa inteira.
Janelas com grades.
Ferrolhos nos olhos
das vidraças fechadas.
Trancas nas portas.
Armários embutidos
nos confins dos corredores
das salas e quartos
banheiros, copa e cozinha
de ladrilhos incompletos
de louças gastas, trêmulas
das escadas que descem
nos jardins despenteados
no porão escuro do solo
goeldi-dostoievskiano.

Para este papel

Escrito neste papel onírico
feito de vestígios de nuvem
o poema procura não pesar
nem ferir o sono da folha de baixo.
Prefere que transpareça o sonho
a magia que animou a mão
e a elevou, até tocar o céu.

O que pousa nesta página
não marca, nem com a tinta
da pena, a sua face oferecida.
Não marca, mas pretende apontar
o que está atrás da aparência
que o círculo da lâmpada não ilumina
que o aro do sol não queima.

p/ Cri

Sua pele, sua palma aberta
aceita minha escrita leve.
Se a força de antes, que calcava
se foi, o que ficou, perto do fim
ainda deseja cobrir, com amor
a distância inconquistável, talvez
por natureza, terra de ninguém.

Que o vento não venha
dar asas às folhas
e à imaginação, não
as solte dos seus ramos, não
as perca, nem por um segundo
as esqueça, sobre a mesa
sem o peso de um peso de papel.

Não passem, estas páginas, depressa.
Não se perca logo o matiz de sua tez
feito de um flagrante do ar livre.
Fiquem aqui as palavras escritas
resistindo ao desmaio do esmaecer.
A transparência deste papel, pelo
menos, não se rasgará com o tempo.

(*o outono é ponte*)
Alice Sant'Anna

Estas folhas não numeradas
existem para acolher melhor
qual estágio da expressão?
O do insistente verão que o sol
declama? O da lâmina do inverno?
Ou o das passagens, das pontes
e poentes, do outono e primavera?

A caligrafia busca a beleza
na letra: traço, volteio
que a mão treinada realiza
dentro da pauta estreita.
Na contramão, a outra, selvagem
tem estilo diferente: livre e preso
no gráfico acidentado dos sentidos.

Contar

Todos os dias são contados.
Só não sei ao certo
a quanto contam, a quantas manhãs
e noites faltam ainda no céu.

As roupas velhas vestem
as memórias e se agasalham no inverno
refrescam no verão — uma segunda pele macia
que acolhe minha nudez.

Por isso não consigo doá-las
ou se consigo
elas doem
na lembrança da saudade.

Maresia

O mar se desdobra
ora azul, ora com laivos
de verde, daltônico por natureza
nos reflexos de sol
no prateado da lua.

À noite tudo escurece
apesar de todo esforço
e somente o branco bravo
das ondas na arrebentação
permanece debaixo do céu
continuando a expor
seu mecanismo de som
com variações.

Avisa o preparo
de um maremoto
longínquo, de surpresa
ou se desmancha na areia
manso, amigo, ininterrupto?

Toca

Qualquer telefone é repentino
mesmo quando esperado.
Suicídio, moto, distração
a morte é uma só.
O que parece improvável acontece
no susto, no sono, na função do corpo.
O medo é o motor da vida
sempre indo em frente
sem freio, sem marcha a ré
pisando com força
o acelerador do destino
de qualquer forma, até parar
por acaso, desastre ou desejo.

Perdidos

Armário embutido
repleto de trastes
de coisas sem fim
nem começo, de perdido
uso, não mais se arruma.

Através do tempo
retrata a cabeça, o estômago
de quem morou, de quem
mora e de quem vai morrer
dentro de si e da casa.

Reler

Lendo como quem escreve
o lido — calcando os lápis
na folha resistente, dura
que marcam a página seguinte
parecendo o fantasma
fincado na visão em baixo
relevo, quase tátil podendo
servir feito caligrafia braille
com a ponta dos dedos
até o fundo dos sentidos
do que ficou percebido.

Rascunho

O lápis já perto
de virar um toco.
A bic vai falhando
o traço da sua letra.
Os poemas diminutos
sem fôlego de percorrer
a folha branca
e as linhas vazias
no meio do caderno
parado em cima da mesa.

Tentativa no computador marca olho

Qualquer coisa te fere
até o amor que entra nítido
em alto e bom som
e se programa num acesso
com a garra toda nos cabelos
ardendo e irradiando a guerra
das paixões violentas
que deixam marcas sem perfume
nos corpos de unha e carne
quase encravados, incompatíveis
em matéria, propósito, processo
mas tão próximos
(por uma questão de pele)
chegando a arrancar sangue.

Dedo na garganta

Escrevo veludo, que você não gosta
e corta, por causa do gosto old-fashion
parnaso-simbolista, no kit aveludado
do lugar-comum, cômodo, que contraria
felpudo, o incômodo estilo de quem diz
que escreve de pé, por dentro, em guarda
a contragosto, contra, de encontro a tudo.
Ou o gosto kitsch, camp, do sofá peludo
e forrado pela madame de van, do gato
no quadro acima do móvel, ou de pelúcia
posto no console ao lado, o que implica
num arrepio, que por não ser a contrapelo
é dócil, doce enjoativo. Ou ainda: provoca
a ânsia, a sugestão, a indigestão do pântano
úmido, melado, pegajoso, que se vomita todo.

In memoriam

Não morrerei mais
sobre aquelas quatro pernas imóveis.
Nem morro
para subir, para trepar
e buscar o prazer no alto do cume
rangendo estrado, colchão
e dentes.
Foi-se negra
para outro corpo a corpo
mas deixou marca, sombra
saudade nas paredes.
Sem rodas, motor
quase carro ou caixão
(como todas)
— veículo construído no intervalo —
aquela cama:
        kaputt.

Violino solo

Boca sem batom, cor da madrugada.
Respiração secreta. Só o hálito lembra
o corpo que se debate, no qual se pensa.
Moto perpétuo, refrão ferido que agarra
a alma, as quatro cordas, o braço, o arco
que corta o espelho no escuro: notas envernizadas
entre o cavalete e o estandarte — peso da carne.

Através

para Rita

As frases se esgarçam
através do papel dos livros.
Romances, poemas e o que mais for
apagam-se na memória
e esquecem o que foi escrito
na página pouco a pouco
ou repentinamente
na beira da folha sem vento.

Um

Sou filho único. Mãe e pai
já foram embora há muito.
Muitas vezes os reencontro
dentro da cabeça minha e deles
e eles se chocam para ver se ainda
morrem de esquecimento
ou relembro querendo
salvar-me pelo túnel da vida
para tentar o infinito impossível
misturando as diferenças
se enrolando pelo tempo
escritas à mão com lápis
canetas, computadores se empenhando
todas com força e medida
silenciosas na folha ou
tecladas nas teclas sem
onde dizer ponta por ponta
primeiro para ir se apresentando
na sua mesa ultrarrevoltada
dizendo um pouco mais tarde
quando o livro se abre e lê
linha por linha folha por folha
até as páginas se fecharem
até relembrar o que já entrou
pela estante juntas encadernadas

com os sentimentos que vão ao encontro
dos esquecimentos ou captadas
no que foi lido relido esquecido
rememorado sem folhas arrancadas
pelo tempo que atravessam ou não
mais vistas por uma pessoa com mais
gosto de anos redescobertas por exemplo
os que nasceram por outra pessoa não próxima
ou por acaso descobrindo outro
descobrindo outros ditos antigos
por outro gosto descoberto ao acaso
apesar de estarem no sebo seco
empilhados de qualquer maneira
colhidos no monte à toa com
a mão curiosa que descobriu
um achado no chão.

Vencer e sofrer

Borges foi perdendo
a visão. Os olhos
foram se fechando
decorados e lidos
com ajuda e amor.

Nelson Freire
de repente caiu
para sempre e resolveu
não ouvir mais
a sua perfeição
no teclado imóvel.

Orlando-se

Sendo um ser
quer outro ser também
um outro
ser sendo dois
visíveis sendo um em si
sonhando só com o outro
de pena lápis de sempre.

Machadianos

Os livros de ontem
são relidos. Os de hoje
já vão se acumulando
esquecidos novos em folha
fechados em envelopes
em pilhas nas mesas
e no chão do escritório
cobertos de pó
mesmo sabendo de passagem
que são muito louvados
nos jornais revistas resenhas
enquanto nós fixos
continuam sendo lidos
para seguir vivendo
sem morrer as folhas abertas
que nos leem permanentes
para sempre nos olhos
das linhas impecáveis
das cabeças e dos corações
machadianos por exemplo.

Distopia

O computador impõe
pouco a pouco no corpo
sua maneira de ser.
A princípio, por meio
da dor, a partir dos ossos
acostumando-se à força
nua, de outras torções.

Depois, ao pensamento
objetivo dos algoritmos
dispensando o sonho
a imaginação variante
que causa erros, acertos
de livres fantasias, agora
impensáveis e perdidas.

S/ título

A amante da imaginação
sempre nua
perde a cor
e sai correndo de cena
para desmaiar
nos bastidores
longe do palco, dos aplausos
de qualquer pensamento
e se evapora do frasco

Assim sinto-me

Gaguejo-me com todos os hifens
desde que me entendo desde que
por dentro vou virgulando o que
me é preciso para dizer o necessário
para viver explicando-me
dia por dia segurando o que falo
como posso como que cobrindo
de mim mesmo para entender
os outros interrompidos para ir ou ficar
viver ficando assim entre "gags"
(será que se escreve assim?) e se for
que permaneça tal qual o lápis e o papel
escrevendo sempre paulatino e doravante.

Carta à mulher secreta

Mas são apenas sugestões
que eu faço pensando depressa
para não esquecer, desmemoriadamente.
Talvez não encaixem direito
na sua cabeça que tem
um formato errático e intenção
terrível e por isso não vai
compreender e atilar
o que eu proponho, largando assim
embora esteja bem explicado.
Afinal, acabei escrevendo
colado ao que eu estava pensando
e pesando na mesma velocidade
da caneta deslizante no papel
sem tremor na mão, escorreito.
Está tão duro, olhe só: olhe
cada linha tesa e leia
lentamente, ao contrário
do que eu fiz, a textura
do que eu falo em riste
aberto à leitura de todos
apesar dos segredos que eu jurei calar
de porta fechada de fechadura lacrada
nunca revelados em alto e bom som
o que antes era dito à boca pequena
que me beijou, chupou e mordeu.

Tira

Só, com a roupa do corpo
feita por medida
bem cortada, sem rugas
como a dos heróis dos quadrinhos
a que cai
como uma luva
que insiste
com sua mão, assim disfarçada
perdida da outra
dando adeus a quem já foi
como não manda o figurino.

Em dezoito linhas

De cara
cortei um pouco
da sua cabeça.
O resto ficou fora
de foco, o rosto
com uma sombra
que pode ser a expressão
do que os olhos não viram
e só o coração sentiu.

No coração não cabe tanto
nem tudo.
Cabe o pouco desta batida
e da outra:
a próxima que repisa
(menos uma)
o lugar da primeira de todas.
Apenas um mero registro
ponto e reprise.

Em quatorze linhas

Para Tite de Lemos, que aprovou

O destino não se detém:
declino ou é o dia
que se afasta de mim
sem deixar nenhum adeus?
Ou tudo será como as pétalas
que não se poupam nem um pouco
vivem a pleno o esplendor
e sem se despedir, despedaçam-se
desesperadas, se despem
de toda cor, e nenhum pensamento
as faz parar a própria queda
que do ar se precipita
para a poça que se espalha
feito um espelho no chão.

Torneio

O touro num instante
o toureiro noutro — estanques.
No entanto, as duas vidas
tão distintas tentam
o encontro, quadro a quadro
já que tanta velocidade dura e fúria
só pode vir a furo para se ver
e ser tocada, se for assim, por partes:
passo e pata, talhe bem cortado
de cada um, de pele e de carne.
Ambos coagulados, fixos, nos olhos do outro
com chifre e espada à vista
quando o espaço acaba e cai a capa
quando o instinto vira destino.

Tigres tiros

Daqui a pouco os tigres
vão virar milagres
ou sonhos daqueles
que conviverem com sua bela
ferocidade, e passarão
a viver nas fotos, nos filmes
com seus corpos cada vez mais
presos nas grades listradas
dos seus pelos tão macios
na aparência, e os passos felpudos
flexíveis e silenciosos vão parar
empalhados nos museus, enfim
fora da natureza, imóveis, e não serão
esquecidos por completo
porque estarão andando
nos versos inesquecíveis
de Blake, de Borges.

Findo

Neste frio de uma faca
Neste fio de uma face
Neste fim faceta ferida
Neste se enfia e se fere
Neste furo até o fundo

Criação

Se a corda for singular
basta uma, que a cor do acorde
da arte amanhece.

É a única coisa
possível naquela vida:
ela só vive por isso

não há virtuosismo
nenhum, somente
o som, a letra, a imagem

visceral, vibrante
de todo o ser reunido
na expressão indispensável.

Sextilha arrítmica

Falar com você é beijar a saudade
antes abstrata, na distância de avião
dos que morreram ou se afastaram
e o beijo é vão no espaço, não encontra
boca, coração batendo desprovido
de acompanhamento audível, em vermelho.

De um relatório de 05.04.88; 14:30

A amante passa ao largo
em branco, e nunca está
no flagrante
no meio dos alvos
dos lençóis de linho.

Nada nos quartos de motel
mas não se mantém à tona
nos negativos.
Não se encontram reflexos
nem rugas
nas águas passadas a limpo.
O que se fixou nos filmes
foram os intervalos sozinhos da ação
o espaço entre dois cenários.

Os olhos instantâneos
arregalados dos flashes
só surpreenderam
a fumaça do cigarro:
o fantasma que não guarda
o perfil de quem fumou.

À beira

Véspera. Boa ou ruim.
Sempre feita de presa e surpresa
a menos de um palmo do início
do disparo, de uma escada que não tem
mais os 17 degraus de todo dia ainda nulo:
tempo de voltar, tempo de ir.

Caminho

O primeiro passo já foi dado.
E marca a pegada hesitante
de quem desce a trilha estendida.
Os buracos abertos, driblados
em profusão à vista, inseguros
ou mesmo ocultos no chão trêmulo
deslizantes na terra, mato, lodaçal.
Os cortes vão sendo seguidos
despedindo-se do cume alcançado
entre pedras, solavancos, quedas
arranhões, feridas, carnificinas
calculadas, consentidas, nos pisos
que se sucedem lentos ou rápidos
mas ainda falta não sei quanto
para a surpresa, o pulo, o furo final
definitivo na campa.

Sem saída

Não olho para trás
nem para frente.
Pelo menos é assim
que acredito, embora
desconfie da afirmação.
De todo modo, certo
mesmo o que tenho
é o espremido espaço
de agora, sentindo
o punhal nas costas
e a bala vindo no peito.

Dedo de Deus
(2ª versão)

Dia de verão rasgado
passado a ferro
com o punho do coração
de carne, fechado
batendo no céu da boca.
Ficar e fruir sem filtro
chupando do outro corpo
pela sua mufa
todo o calor e o sal
enquanto escrevo sem alvo
sobre o mesmo mar de Camões.
Monotonia, pico, planície.
de chiricos e espíritos
recortados ao arrepio do sol
sem a dúvida de uma única nuvem.

O vento apura a montanha
tenta aperfeiçoar o mar
a onda, a ode, a estátua
que não se inventa
só com o desejo
de uma pedra cega.
Nada na água para
nem na terra que gira:
soluça sem solução
em perpétuo empate

— cara a cara, zero a zero —
com seus perfis casuais
de esfinges, climas
que têm o mesmo instinto
tempo de vida, ânsia
ou substância.
Distantes testemunhas
indiferentes e oculares
de dois lagos que não piscam
sem a pedra/ sem a luz
sem o ponto final da lua.

Arte da costura

No tampo da mesa
o tecido de linho multicor
pousa a sua beleza e abre
suas seis flores alinhadas
bordadas em leque
com puro esmero da agulha.
Mas não consigo escrever
descrever na linha da folha
o tanto irradiado pelo buquê.
O mar não quebrava o ar na linha
feita à régua d'água do horizonte.

Cromo

Duas víboras geminadas
ou o brasão, que tem por fundo
o esmalte de um jardim
é mais sumário? Duas em uma
exatamente única, bota fogo
sem clemência, e se pega
pelo rabo, se consome
devorando-se, sob a flora
serrana e bélica.
O veneno não é brusco, nem
o ódio; nada a desvia do destino:
de não deixar que se apaguem
as labaredas, o sofrimento
a lenta fúria dessa heráldica.

Retro

De raro em raro o mar
da Urca fabrica uma ressaca
contra o paredão, as pedras
ao pé dele não se assustam
mas as ondas, sim, sentem.

Há muitos anos essa rebelião
em cima do cerco do aterro insiste
de quando em quando, aos arrancos.

Vai chegar o dia que a revolta
vencerá a praia até então plácida
e inundará, ultrapassando a defesa do litoral.

E chegará à calçada, à rua e alcançará
as casas, os prédios, e voltará a ser
num instante o que era antes: céu, sol
areal, gaivotas, peixes, pássaros.

Trinca

Ameaço com minha morte
com meu medo, no meio da sala
a mulher que não erra, e chora
de raiva, o filho que não ri
e soca as paredes sem disfarçar
os pés inchados, ameaço a todos
com o melodrama em um ato, curto
empunhando minha velha arma
às vezes a meio pau: nada engana
o cristal mais fino que não quebra
e somente a água do copo estremece
um pouco, e acusa, intramuros
o alto tom de voz da ópera.

Bilhete

Os sentidos encurtam
e perdem o trato:
a percepção fina
da orquestra da paisagem
da variação de cores
da pele lisa de perna
de mulher, do cheiro
da maçã e seu paladar.

Os sentidos perdem
a caracterização, indistintos
inclusive o sexto
no escuro, na surdez
no gosto seco, nos dedos
enluvados, no cheiro morto
da nua vida desmaiada
de uma vez só.

***

Para mim faltam
os degraus de dois livros
para completar a estante.
Um praticamente pronto.
Outro um cafarnaum.

Poderei começar
a preparar o segundo
bem antes do tempo
já que a morte
é sempre precoce?

E ainda; terei força
de escrevê-lo, de lê-lo
de segurá-lo, encadernado
sentado ou deitado
seguro por ligações terminais?

Marinha

Os mares daqui
não são templos desmoronados
— feitos de puro mármore ilustre —
que se demoram a cair
pelos degraus da paisagem;
são construídos por ondas anônimas
castagnetos, breves castelos
luzes, púlpitos, pedras e seus rugidos
sem memória de nenhum deus.

Feito mar
de metáforas transparentes:
vidraças em via de serem quebradas.
(Em tempo: o mar amnésico
não marca suas ondas.)
No limite do horizonte
um moto contínuo — pancetti
se espraiando na paisagem
além de todos os sentidos e tons
suas ondas param no mar.

Visto deste ângulo
um navio no horizonte vai
entranha pela pedra adentro
sem desastre.

O mar, ao contrário
encasqueta contra a rocha
não mede a mão, se mantém
em pura catástrofe
e arrebenta repetido
sem perder o gancho
o arranco
para outro ataque.

Jardim

Busco no escuro
o que vira durante
o dia de caminhos
esclarecidos ao sol
mesmo com chuva
entre folhas/ flores
cercado por gradis
no meio das árvores
e o vento permitido
absorve foge reage
nas pistas da terra.

Cavalo

para Cri, Roberto Kaz e todos que admiram cavalos

Recorte apurado da natureza
o cavalo quase estátua
de si mesmo dispara, para, empina
reunindo relincho, raiz
ranger de árvore, asa, tronco, ramos
cabeça, postura, olho-d'água humano
peito de montanha, nuvem
arremesso de mar
várias velocidades do vento
fremir de pele e de folhas
o arisco do pássaro, passarinho
cascos de salto alto
coração a galope, terra de ninguém
céu aberto.

Vingança

Me deve desculpas e prostração.
A resposta é um tapa imperdoável
de quebrar a voz, a postura, que não é
o último, mas já machuca e amordaça.
Sendo primeiro ou penúltimo
alimenta a série envenenada
com o medo da espera, suspense
que não se desmancha, e ameaça
com sua repetição latente e possível
para todo o sempre do pensamento.

Mafuá

A casa enguiça a toda hora.
Reflete as brigas dos moradores
por causa de um copo repetitivo
em lugar errado; das cadeiras
quebradas ou bambas em virtude
do peso da mocidade atirando-se
sobre as coitadas; das molas do sofá
perdendo o balanço medido
e cuidadoso do seu molejo pelo
mesmo motivo; dos quadros tortos
pregados nas paredes de gritos, socos.
Em vista disso, a casa, coitada
retruca, coagida, pedindo socorro:
telefone surdo, bomba-d'água
em pane, luzes caolhas no lustre
e tudo mais quebrado de medo
pelo mau hábito e pela má criação.

Fecho

À espera da dor inovadora
que pode vir disfarçada
com apliques antigos.
Não há como discernir
a ponta nova e aguda, o corte
que se imiscuirá entre
as nervuras do corpo caseiro
que se rende, distraído:
o erro foi esse, fatal, o mal
o medo entrou batendo a porta
de madeira e grito em cima
desse Natal Negro, em claro.

24/25 XII 2012

Ação!

Debruçado. A sombra da cabeça que lê
escurece o que devia estar claro e mancha
o dia de noite improvisada com calor e exatidão.
Certo encadeamento se faz em outro sistema:
passo na rua, ruga na toalha da mesa marcada
louros cabelos que não ousaram
mão no ombro de quem não se volta
mesmo com o grito na reprodução
de Munch pregado na parede
de palavras marteladas na carpintaria
da voz, difícil, tentando dizer alguma coisa.

Perfil

Desde que me entendo sou gago.
As palavras derrapam, emperram, desafinam.
Agora na velhice gaguejo pelo corpo inteiro.
As mãos tremem e as letras se borram incompreensíveis.
O pau desmaia sem força e vontade.
Os pés se arrastam e tropeçam.
A memória esgarça nos assuntos antigos e novos.
Da cabeça aos pés, portanto.
E vou me esquecendo de mim sem saber.
Onde estou. Onde estive. Onde estarei.

Passagem 1

Os gritos conspirados
de hospício, interno
cosido em suas roupas
fortalecem as grades
que a loucura força
menos para matar
do que para morrer
no salto da imaginação
através do celofane
da janela aberta
antes do instantâneo
corpo brotar no asfalto.

Passagem 2

Cada dia é precário.
Um dente cai atrás do outro
doendo, e cada vez se arranca
mais um, e menos mastiga
a boca desdentada, respira
engole a pasta, para, vira
com a pele do rosto colada
aos ossos nesse tipo calmo
da morte e o prenúncio quieto
da cara anônima da caveira.

Loba

Apodrecer no paraíso, presa
no papel melado do seu amor.
Unha e carne encravada
em constante inflamação
no bem e no mal, na dose incerta
de veneno, que empedra o leite
atravanca o desejo, nas tetas
no baixo-ventre, e no nacarado
trato do corpo que tenta
fixar a miragem e cortar
a fragilidade firme do cordão
do cabo de guerra úmido
de choro, e de esforço confuso:
trai/atrai a cada passagem da catraca
com os sentidos inseparados, indefinidos
que se esticam, ao extremo
de uma carne à outra — rebento.

Um sonho de Sônia

No filme de Kleber Mendonça Filho, Aquarius

Sem a obrigação da beleza
e o seu escudo de esmalte
a sensibilidade surgia, linda
à flor da pele do rosto lavado
pela lição do tempo da vida.

Antenas

As musas, agora atléticas
tão íntimas que intimidam
não se sublimam mais:
se publicam em silkscreen
nas camisetas descartáveis
ao primeiro suor olímpico
sem tempo para ser para sempre
passadas a limpo
no lento mármore das estátuas.

Cerces, mas intangíveis
mais de écran do que de carne
de papel do que de pele
na pedra ligeira e sem legenda
do pódio virtual
cercadas de anéis farpados
logo se esgarçam, fugidias
ao som do aplauso que talvez oculte
"a palma aberta da explosão".

Escorrega

Se aeromoça fosse
ia ter um quê de bailarina
e um toque de ginasta
na coreografia do sobreaviso
feita com um sorriso monalisa
que não se sabe se está
no início ou no fim.
Segue as ordens da locução fria
sobre as urgências do voo
e do possível desastre: além
da máscara de ar extra, assentos
que se não viram tapetes mágicos
viram poltronas bochechudas
flutuantes, salva-vidas, e a saída
de emergência desenrola
o escorrega — súbito! —
que lembra o da pracinha
pelo menos na sensação primeira
de se lançar para sempre, para

Armando disse de Alice

Pingue-pongue seria seu jogo e codinome
pois é jogo de quem pisca e pensa rápido
através dos traços velozes da vida plena
e da morte súbita de cada ponto.
Tênis de mesa é nome adotado, oficial:
se perde a paronomásia, presteza
com as quais mimetizava a batida
rebatida da bola única, frágil tal qual
um ovo, combina bem também, com você
já que mesa é sua extensão natural
embora não pare sentada, e se desdobre
o dia inteiro, parecendo sempre ter saído
do banho, e vestido a blusa incólume
que só admite as nervuras previstas
concedendo, somente, e erecta
sem franzir o corte certo do figurino
uma aparência de suor
que é o do colar de pérolas.

Para Laura Liuzzi, cinepoeta, alpinista, meio-campista, ponta de lança

O bocado, o hálito da pedra
insurgente, subiu acima
do nível do mar
ou este escoou um pouco
pelo ralo da terra
ou, ainda melhor, evaporou-se um tanto
e o rochedo crestou, crispado
parecendo um pão de fôrma
sem nenhuma doçura, debaixo do sol
rombudo do mormaço
do cerco do vento, dos estrondos
dos trovões desmoronados
dos rasgões dos raios
até que a sombra da nuvem
o punhado de chuva
e a noite, com a maquiagem da lua
chegaram para amenizar a rocha
dia após dia, paralisada, pelo menos
na tiragem dos cartões-postais.

Brasília, pelo telefone

> *O céu é o mar de Brasília.*
> Lucio Costa

> *p/ Severino Francisco*

aviso

A voz, ao vivo, no seu ouvido
teve mais calor, ou a lembrança
construída e imaginada: agora
escriturada, tudo irá parecer
que perdeu o suor, se enxugou.

aterrissagem

Essa cidade chegou de avião
desde a planta, sinal da cruz
sim, mas também de asas
procurando pouso no planalto:
maquete branca, imóvel
por natureza, e nela inserida
logo se anima: lago, os carros passam
as pessoas andam, há vento
e o que parecia simulação
em cima da terra vermelha
(não mais aparente, porém
sentida) é o chão pensado, passado
a limpo, debaixo do céu, que usa
azul a rigor, com nuvens de anúncio.
É a praça aberta até o horizonte

que secou seu cimento cinza
sem uma ruga no quarador solar.

a pé

Ao piscar parecia que tirava
fotos corrigidas dos palácios
monumentos, muito conhecidos
só que agora sem a retícula
das sucessivas impressões
que chegavam à prova final.
Piscava e aparecia uma catedral
por onde se entrava através
de um piso subterrâneo, escuro
para merecer a explosão silenciosa
da luz em plena nave feita
para os anjos, fora do tempo, voarem.
Ou em outro piscar, breve, o que vinha
era a pequena capela do palácio
feito uma folha de papel almaço
enrolada sem pauta e escrita
trazendo como timbre a marca da cruz
com um cheiro de cal virgem, de alma
que uma mão de tinta, de mármore
procurava salvar da inevitável mancha.
Sob o sol a pino, repentina, a paisagem
se molha com o mar vertical, parado de azulejos
de Athos Bulcão — muralhamar azulando
lava os olhos de quem tanto viu durante
o dia que se encaminha para noite, que cai

(pano lento, ou rápido?) com a alvorada
do palácio acentuado pela lua, que reveste
o acabamento, a nudez de toda construção.

partir

Dois dias depois parti: mesmo
se tivesse mil e uma noites não saberia
contar e decorar Brasília, o código seco
de suas ruas e superquadras, da sua vida
como Clarice que, em cinco, conseguiu ver
até a beleza das "suas estátuas invisíveis"
com seu ar rarefeito, mas pude respirar o céu.

Queda

Janela altíssima murada
pela pedra do Pão de Açúcar.
À prova de defenestramentos.
A ponte aérea passa no palmo
que separa a vidraça da rocha.
Dá para ver os poros do piloto
e imaginar o que terão sentido
nos segundos antes os outros
que enfiaram aviões em edifícios.
E lembrar de quem abriu a porta
para sempre, que ficou batendo
e descobriu a fresta por onde cair.

Para V. K.

Se foi arte, fica comigo.
Eu a levo, ou sou levado
pela linha do verso ou da prosa
pela sua boca, acorde na pauta
pelo traço do pincel na tela.
Marca-d'água ou do horizonte
à vista, tênue, inalcançável
mas prefiro ao desânimo, a ilusão
de fazer igual, de estender-me
o máximo para aproximar-me mais
imitando, com algum desvio
o risco do desejo, do impossível
arrematando com um beijo no ombro.

Luto e lego

para K.

A saudade é abstrata
não faz nem sombra
não se debate no escuro
não obstante vai se montando
silenciosa, invisível e
se oferece: tem hálito
peso, formato, voz, suspiro
riso, gosto, ira, cheiro
que contorna peça por peça
quem a sente
corpo a corpo, e lembra.

Expo no CCBB dos restos mortais da máquina marca CDA

Tercetos terríveis
de tantas arestas soldadas
sem cuidado e melodia.

Suas linhas diferem
em alcance e precisão
além de toda medida.

O pensamento não parou
para refinar um pouco
a irrecusável caneta de ferro

ora em brasa, ora gélida
na escritura minuciosa
no contraforte da montanha

onde a aparição — esfinge
tácita — se debatia
atrás da couraça imóvel.

Atrás do coração controverso
que não se expunha
para fora do seu pulso

mostrando em baixo-relevo
na treva do chão, a ferrugem
da existência corroída pela dor

inevitável, inerente
apesar da mirada azul
do olhar e da serra.

Que não poupava ninguém
no corte da sua herança:
laços de sangue coagulados

há tanto, na terra devoluta
que escorreu, entre os dedos
fracos e quebrados do malvisto

nascido para o desmonte
e carência, enquanto crescia
sob a luz da derrisão.

Iluminação negativa provinda
de um sol desligado, repentino
que ainda brilha na memória

da retina, e vai se retirando
dentro do passo do dia
quando cai, no lusco-fusco

em meio a pedra e céu
e atinge o instante do equilíbrio
de perfil e fundo, no ar.

Maio não há nesta tarde
sem eflúvios, nem flores
em coro, no campo ermo.

A perfeição da morte
longe da mortalha de Minas
no esquife que estala

o verniz novo, forrado
de exato fustão áspero
capitonê, e o corpo

enverga o rigor do seu rosto
que se acentua pela decisão final
e irrecorrível, que transpira

através do terno grosso
na noite dos livros fechados
na escrivaninha, depois exposta

dependurada na abóboda, numa
espécie de mudança interrompida:
nem nave ou ave metafórica

mas mesa de madeira irredutível
que cede à transcendência
absorvendo os riscos, os lanhos

com suas gavetas fechadas
de chaves perdidas
recuando para o lenho original

durante o rosário de horas do relógio
da escrita suspensa e superposta
de releitura detida, no tampo

em que o encaixe se fixou
a martelo e pregos batidos
até o fim, até que, da ponta

à cabeça, cada um desapareceu
na espessura do cedro duro
seco, estanque.

O nome chegou antes do féretro.
Letra por letra composto, corrigido
e alfinetado no veludo negro:

exposição aguda debaixo de luzes
em riste, em pleno uso
sobre o casco opaco, irremediável.

Já sem mediação ou escanção
imediata, o vinho do seu copo
a vida e o verso se adensavam:

se reuniam, concentrados
em uma só sentinela
e o seu brusco sentir silencioso

se distribuía, cifrado, não oferecido
nas entrelinhas tortas, escuras
feitas de recusa, remorso, labirinto.

O desígnio da clara esfinge
é difícil — refulgenigma
no sol-posto, seu recorte:

pedra bruta sem preparo
ensimesmada na estrada
coisa em si, sem fim.

Escrito depois da leitura do livro
Razão da recusa, de Betina Bischof

Ensaio perpétuo

De costas, para a plateia vazia
releio o poema escrito.
Li em silêncio, e depois
em voz alta, três vezes.
O que releio agora por cima
da leitura gravada é a versão
são os versos que Raquel Z.
assinalou, e as duas vozes
se sobrepõem como no pensamento
defronte das luzes e das lentes
se imprimindo na película.
O fio da fala e do filme
não são contínuos — são cortados
na boca e na eletricidade
para arranjos e ajustes
e tudo recomeça como se não
tivesse parado para um gole d'água
para a poesia, sedenta
dita para ninguém, no princípio:
dita para as fileiras de poltronas
vagas, às minhas costas, no dia
do cinema fechado.

A carta facetada

A carta à la Lacan
tem três interfaces.
A primeira é cega.
A segunda de um olhar
o que o outro não vê.
A terceira é a que vê
o que os dois olhares
veem e não veem.
Mas eis a quarta não contada
que vê de cima o que escreve
o que se tem que ver
sem nenhuma carta branca.

Alegria e dor

O pensamento musical de Bach
— ária, aresta, cantata e fantasia —
ferido pela mão no cravo bem temperado
de Wanda Landowska, e tocado, pela dor
nas teclas, com sabor marfim, pelos dedos
de Glenn Gould, nas Variações Goldberg, uma
duas, mil e uma noites, até o etc., se repetindo
na escrita reiterativa de Thomas Bernhard:
ideia fixa, infinito suicídio, *O náufrago* mar adentro
nas inúmeras variações da vida interrompidas
e retomadas, maniacamente, rumo à perfeição
do horizonte, e que só param quando a fé desanima.
Mas a ponta de alegria e febre da alma à flor da pele
do intérprete volta à partitura, às invenções
em duas e três partes, às partitas digitadas
à arte da fuga, que não dá folga e escape à morte
quando as notas fazem a única música possível
do/e para o pensamento escandido de Deus.

Nada de mais

Não viajo. Eu moro, resido.
Não sei sair de mim direito.
Onde está o pão, o copo
d'água? Não ter meu lugar
marcado, único, e não este
marcado por muitos, outros
suores, no colchão, entranhados
até o pescoço e o olfato.

No relógio aterrado à terra
rotineira, a corda desperta
das horas, não deve variar
a batida, o badalo, o levante
para o dia não ser alterado
com a hipótese de um helicóptero
interposto, e manter o mesmo nível
do céu e do chão de costume.

Corcovado

A nuvem dá corpo
ao vento, se desenha
em câmara lenta
neste céu de hoje
e envolve, amordaça
o seu oposto, a pedra
da montanha, o cume
apagando-o todo
no frio espaço cinza
na treva do trovão
anulando o azul.

Postal do Rio

Não é o Cristo em equilíbrio
no cume da montanha do Corcovado
o que mais me toca, e sim a imensa
pedra nua — tal qual um sino afogado
de borco, emudecido, de ferro, no mar.

Montanha de cor de açúcar mascavo
nunca será destruída, por má vontade
humana, exploradora, empresária
como o puro pico mineral do Cauê, porém
em pé, na pena e no pensamento de CDA.

Localidade

O areal na memória
sob sol mortiço
é de opala translúcida
quando me lembro de longe.
Quando aprimoro
a lembrança, é feito
de lâmina de vidro fosco
que deixa desenhar o nome
do lugar, escrito
em caligrafia cursiva
e antiga, na areia jateada
na moldura de cima da porta:
    Praia Vermelha.

Finais

Morro que cresceu
e parou furando
o céu permanente.
Espera no qual
uma futura queda
derrota o tempo
e se aterra, atura
no fim através
de todo o efeito.

Espera

Quando você sai
eu não vou junto.
Fico na casa vazia
mas acabo indo
sem sair do lugar
com o relógio
ligado pelo meu medo
e pelo possível seu.

No ringue do lar

Mesa posta e cadeiras
hieráticas. Na contramão
do pai, como o instinto
e a sina determinam.

Queda de braço, soco
na parede, xingamento
pesado, assunto sumário
e discussão repetida.

Mãos de punhos cerrados
e lágrimas de raiva
inconfundíveis com as
de dor e sofrimento.

Monossílabos, somente.
Pontos-finais. Sujeito
sem direito a predicado:
não há nocautes. Só empates.

Envoi

Escrevo para o além
da morte
que pensa ter chegado antes
com os pesados sapatos
de tartaruga, mas já cruzei
a linha de chegada, e estou
parado, escrevinhado, pronto
para virar livro, seguindo
a tática de Montale, escrevendo
dentro da posteridade, no espaço curto
da leitura de um outro, único que seja
mas basta para a vitória.

P.S.

Escrevi para frente ou para sempre?
Nos dois casos, pode não haver
ninguém lá que me leve ao além
com o meu calhamaço
com minhas pernas paradas.
A palavra subliminar de todo poema
(a última é provisória ad aeternum)

Imóvel

Entre vida e morte nada.
Tédio. Não atravesso o mar.
Nem o rio. Nem ninguém me leva
para nenhuma aventura
de viagem ao limite do horizonte.
Também o barco
e a sua vela sem vento
não se livra da âncora.

Móvel imóvel

A mesa do escritório já está limpa.
As miudezas foram recolhidas
no começo do esquecimento.
Mas as inesquecíveis perduram:
a Obra Completa de Drummond.
A pequena estátua de Kafka.
A nota zero que Cildo Meireles
deu muito bem dada ao Brasil
estampada tal qual a nota de um
costumeira, velha, amarrotada.
A caixa e seu segredo triste.
Depois de tantos anos
só ouço o ruído de sua chave
derrapando na sua base presa
que não mais desliza, engasga
entala que parece autotrancada
no seu uso escuro enferrujado.
A placa de borracha preta
que impedia a máquina de escrever
Olivetti Lettera 22 deslizar no tampo
no tempo castigada desde 1960 e mostra
apesar da proteção seus riscos feridos
sob o ruído duro da caligrafia batendo
dia após dia com sua fita desmaiando
quase seca sendo preciso calcar as letras

para dizer em voz baixa a linha
das sentenças e seus parágrafos
frases, versos, ensaios, entrevistas
vestígios e cores de lirismo esmaecido.
As gavetas antes carregadas, suportando
o peso dos blocos, folhas de rascunho avulsas
se rasgaram para não serem lembradas
e toda sorte de coisas meio que perdidas
canetas velhas tocos de lápis facas cegas
e muitos etceteras sumiram num repente
inclusive eu para não sentir saudade
variante de mim mesmo se apagando.

Tabuada

Eu morro em primeiro lugar.
Justo. Sou mais numerado.
Tu morres em segundo
ainda com folga no tempo.
Ele morre muito mais além
sem forçar o passo.
Nós morremos, enfim
em plena ordem da razão.
Vós morreis certo
rezando em linha reta.
Eles morrem, a sina é assim
se possível, sem percalços injustos.

Sozinho

Contra-ataco-me, independente
do dia azul ou cinza, feliz
ou inconsolável, de noite
de tarde, no lusco-fusco ou
ao sol esplêndido ou a pleno luar
fechado em casa ou solto na calçada.
Sou o cachorro velho perseguido
pela matilha da qual fazia parte
e se desgarrou sofrido.

Uma noite

Perdi o sono
no vácuo da noite
tirei o lençol
o travesseiro escorrega
a pele lisa
que me cobria
e o corpo começa
a se ferir nu, no escuro
por mim mesmo me coçando
suicídico, e o resto
do sonho ainda se arrasta:
a casa se encarquilha
como o seu dono, e cai
durante a rotina da morte
tanto quanto a da vida.

Crítica de cinema

Dado preto. Mão avara
oculta sua numeração.
Não avalia nada da fita
tecnicolor. Nem diz que
é regular. O cinéfilo míope
sentado na cadeira dura
como um boneco idiota
joga um cubo de pedra
cego — atira, posta, prega
em cima da cara do ator
do diretor, de todo o elenco
pensando que derrotou
por ko técnico o filme
no escuro de si, dentro do
escuro do cinema sem ver
as delicadas estrelas.

O estado crítico da casa do crítico

Onde a poesia não mora
o dito não vale nada.
Agoniza no charco
que cheira a podre
no lodo do ressentimento.

Se atola no cinza úmido
pastoso, nos restos
arrastados até o limite
da cega imobilidade.

Não chegará nunca
à linguagem fluente
do rio, mas pretendia mais:
o mar e as ondas.

A mão paralisada e muda
presa à inveja não
alcança nem o simulacro
do lago, da poça
feita de lama e anonimato.

Luta

Lutando dentro
da própria cabeça
para catar o que escapa
e a esvazia — corro atrás
do fugidio pelo deserto
instantâneo da memória.

Escrevo ainda assim
meu nome, esta estrofe
que a borracha vai apagando
sem querer, e some
sem deixar marca
na queda do esquecimento.

Cozinha, copa e sala de jantar

O relógio digital enguiça
na porta da geladeira.
Repete o tempo — 12:00 —
teimoso atrás dos dias
que estão por vir
piscando no mostrador
não querendo existir assim
 — fixo — repetitivo —
mas não consegue
escapar — vida afora —
e não desiste incansável
porque não quer morrer.

Na parede da copa
outro relógio — este de pêndulo
parado — marca 10 para as 2.
Será que foi de noite que não
foi dada mais corda para sempre
de madrugada ou de tarde para mim?

Na sala de jantar
o carrilhão marca 7 e 15 parado sem sons.
No alto, no centro do mostrador de metal
há uma lua cheia que não mostra mais
suas 4 fases em andamento para ninguém.

Pior agora de noite

Minha letra / cada vez mais /
escangalhada / reflete /
meus pensamentos /
palavras fogem / frases se perdem /
ou voltam deformadas / não tão exatas /
como chegavam de pronto /
se não fossem anotadas logo /
se esfarelavam / dentro da cabeça /

Em pé de guerra

Pai perdido, filho em falso.
Um homem contra o outro.
Desconhecidos rostos
lembram outros, idos.
E afrontam e se enfrentam
na casa aterrada na rua.

Entrelinhas

Quando? Quem? Quando e como vai ser?
Em que circunstância? Na rua diurna?
Noturna? Casa? Hotel? Asilo condescendente?
Parecido com alguém: Noll, J. Antônio, ou qualquer um?
Pobre, rico, remediado? Mulher, homem, criança?

Quadro

Recortes, amostras coloridas
das paisagens vivas
do Rio, voam, borboleteando
antes das cores de suas asas
serem arrancadas, presas
reunidas sob o vidro
espelhando, livres do vento
o que se vê, libertas, e continuam
a voar, lá fora, sem sacrifício.

CDA: o Rio hoje
é aquele que você
viu ontem no seu poema
que mantinha
apesar de tudo a beleza
da sua admiração.
Por isso é eterno
— de ferro — de costas
à beira-mar; medita
de frente com os que
vão te ver afetivos
sempre diariamente.
Hoje esperam a manhã
sem mácula e mortes à toa.

A carta impossível em duas versões

1
Não escreveu a carta porque não deixaram
ou porque não se deixou? Preferiu
o silêncio da indiferença ou do medo
de envolver-se demais e não conseguir
livrar-se da conversa perigosa, íntima
e aceitar perguntas do tipo sem cerimônia
assim: "Por que usa óculos tão grandes?".

2
Não escreveu porque
não deixaram
ou porque não se deixou?
Preferiu o silêncio
da indiferença angélica
ao medo de envolver-se
e escrever a conversa
perigosa, íntima
onde cabem perguntas do tipo
"por que usa óculos tão grandes?"

Última sessão

pensando em Coringa J. Phoenix

Na tela do cinema
o galã é o revólver.
De cano grande ou pequeno
glabro, lustroso, azeitado
com carinho, na palma
da mão cabeluda que o carrega
e alisa para o disparo
contra a plateia
a esmo, e sem atinar
com o vilão em si mesmo
no segredo do enredo
mata um punhado
de figurantes inocentes
nas cadeiras marcadas
pelo desatino e destino.

Sobre o filme *Miss Violence* de Alexandros Avranas

O frontispício imune ao tempo
se mantém ileso — legível
apesar de suportar sol e chuva
queda bruta com sorriso alvar
noites e dias sucessivos, e só
entrega, no resumo do título
o conteúdo atrás da fachada.

Uma vez aberta para visitas
o que se vê é a casa recortada
por corredores, quinas, desvão
súbito, o desânimo das salas
conspícuas, sem mancha no sofá
e quartos enquadrados por ângulos:
ganância, sexo, vingança e segredo.

Hulot

Alto — quase reto
o prumo interrompe
o comprimento por um
cumprimento a todos
que olham seu caminho
sempre gentil e atento
com pingos de crítica
com passos quase de balé
herdeiro de Carlito:
em vez de bengala
guarda-chuva preventivo.
Seus filmes são sketchs
primorosos mesmo quando
se atrapalha confuso
querendo endireitar demais
o que está vindo, o desejável
e a gente em puro sorriso
o vê na sua tela lúdica
de cinema feito com lirismo e invenção.

Duas em uma?

Sísifo não tem descanso.
A pedra de mármore não para
sobe e baixa, não chega
ao cume da montanha e ele
volta a empurrá-la para cima
assim sucessivamente para sempre.
A pedra no caminho de Drummond
é oposta — não rola nem se move.
Parada durante toda a vida
estátua não lapidada na terra
obsessão igual a outra
encravada ambas no tempo
cada uma com seu destino
aparentado e díspar.

Agora

Todo dia é do adeus.
Deus invisível, indiferente
escolhe quantos serão às cegas
e quando.
Eu como qualquer um
lá sei de mim e dos outros
e vou me engolindo
até a beira do abismo
do desespero — vou deslizando
por entre os seios de Nossa Senhora.

Confissão

para Laura Liuzzi e Alice Sant'Anna

Não sei ser sozinho.
Mas sou de qualquer modo
e preciso sempre perguntar
a quem me serve se
é assim ou assado.

(Sou filho único.
Talvez por isso
me sinto sem espelho
de outro parecido
ou mesmo diverso.)

Meu corpo não é absorto.
Estou alerta perscrutando-o
como um quase cego
que necessita de apoio constante
para existir e salvá-lo.

Pena

Não há cura que dure.
Não existe mais a crença
na água do milagre, maravilha curativa
que nunca houve, e não se ouve
o rio da reza entre pedras, entre as contas
do rosário, nem sinto a presença dos anjos
da guarda, da segurança — apenas
há o olhar parado dos santos indiferentes.

Friagem

Frio de necrotério.
Corte de folha de papel
afiado e rígido
que se defende do rasgão
e do esmaecimento.

Os dias imóveis são devorados
batendo os dentes na sala de guarda
onde sua fala escrita, sua imagem
sua voz gravada perduram
e matam por você.

Perdição X

A velhice não tem continuação.
Os dias não passam, sequer nascem.
Os dias ficam, em torno, adiados
dentro do corpo, apertando, perpetrando.
Dias pesados que se estragam, perdem-se
desregrando-se, condenados
às penas eternas, inomináveis.

Medo de ter medo

Não há saída — mas
havia uns furos
um ir sem fim.
Agora de uma hora
para outra é um beco
os vírus ficam voando
invisíveis infinitos.
Até conseguirem
umas alfinetadas
novas vidas frias
vacinadas no confim.
Qual pesa mais?
Quem não olha
por cima do ombro
na casa vazia
com um espelho morto
no fim do corredor
irrefletido e entra
no escuro, enquanto
uma porta lá em cima
bate, quando não há
vento, gemendo?
Sou eu mesmo

De hora em hora

O corpo me persegue
desde cedo
de dentro da noite
de manhã, de tarde
de noite de novo, e assim
comandado pelo relógio cuco
no hall da sala — onomatopaico —
marcando para frente
e me puxando para trás.

Por enquanto, parou.
O relógio e o verso.
Os dias todos
e seus ponteiros
às vezes mansos
outras tantas agudos
parados sem levantar
o peso que dava
corda ao cuco.

Halley, em memória

A luz cadáver, de isqueiro
firme das estrelas
versus a outra, de trilho
brilho e tiro instintivo
infinito dos cometas
com seu possível motor
de pedra e asa
vista trêmula
da janela passageira
do quarto do hotel
vela
marcando a fogo
com sua chama
que foge ou fica
para trás do futuro.

Toda casa é toda feita
de carne e osso.
Toda entrefeita
vai se rachando
seu uso cai fora
se quebrando sem espera
só com dor do que se acha
e transforma para matar
perdendo suas linhas
transformando-se com outros
remendada com tintas novas
e cheiros em folhas urgentes
querendo estontear pelas paredes
suicidando-se infalíveis em outra espécie.

Uma espécie de fuga

Você está abrindo a janela
a camisa, a porta
da casa sem temer o vento
apesar da camisa aberta
e saiu sem nem uma advertência
da mãe, escapou
sem ser visto
escapou do frio sentido pelas mães
e os pais pressentem
mas deixam para elas falarem
já que eles não temem
somente o resfriado.

Calendário

Assistindo a morte às claras
programada, dia pós dia:
um a um sem defesa
esfarinhado na poeira da memória.
Esta casa não ri, fala pouco e bate portas
janelas, tranca com todas as chaves
ferrolhos, enquanto o jardim cresce
desarrumado cobrindo do teto ao socavão
as paredes de fora, sendo infiltradas
pelas ranhuras a princípio invisíveis
ou quase e vai no trem dos anos
aparentemente sem direção certa
estação imprevisível passando rente
ao túnel eterno que acompanha os trilhos
do destino que não acaba nunca
e continua como que passando veloz
no mesmo lugar, controverso
e a casa treme sempre caindo
por partes que vão envelhecendo
sem vontade nem remendos largando
tudo ao léu, a qualquer vento sem ordem
que arranca as telhas e quando não quebra
as goteiras vão chorando sem conserto
aqui, ali, acolá e as árvores, as plantas
ao derredor se curvam, os troncos gemem

com certeza de dor ou talvez não
pois é assim mesmo que a vegetação
vai tentando segurar a casa com suas raízes
ainda agarradas terra adentro
e o jardineiro que borda canteiros
no chão as cores da lembrança
das flores defloradas
que foram se desbotando mortas
debaixo da ventania e chuvarada
que ataca também o casebre
onde guarda seus instrumentos de serviço
muito amados, limpos, afiados de ferro e aço
silentes e sós, entre a barulhada
da água e do relâmpago, a folha ainda tímida
minúscula se fazendo ao ar livre
que começa a nascer no cabo da enxada.

Outro lugar

Semimorta a casa
se quebra sem reclame
toda ela esquecendo
nem mesmo juntando
na cabeça do pensamento
suas séries ultrapassadas
que se tentavam com outra
pintura aparecer como que
eram antes mudanças
disfarçadas em cor e forma
em algumas partes
das outras partes buscando
aqui e aqui outras medidas
para salvar-se antes
de uma vez para sempre
num desmonte definitivo
em uma praça pregada
até quando se transforme
em outra coisa novamente.

Dia a dia

Um dia não são dias.
É único, singular.
Não é repetitivo, tem
o seu tempo diferente
sem hifens longe do tédio
disfarçado, já que em
cada degrau das suas
vinte e quatro horas brota
uma surpresa! Para o bem
para o mal, para talvez
de quando em quando reunidos
movimentam sua vida
sem que você saiba, ou sinta
até o risco da finitude.

NUMERAL

216

Sei de cor as sombras
da passagem, caindo
espalhadas na calçada.
Outro modo de molhar
o passeio, sendo até
parecido visualmente
quando a árvore aérea
apesar do pé na terra
aceita o sol para crescer
e não deixa o chão secar.

4 I 2015

217

A pedra é a pré-esfinge.
Cega, surda, muda
não ilustra nenhum horizonte.
Fica despercebida à margem
do tempo e da história:
amostra morta da Terra.
Em si, ensimesmada, abstrata

entranha, não se decifra
nem autoexplica sua presença
nula, voltada para dentro
incivil, fora do caminho.

9 II 2015

218

Entre uma martelada
e outra, o silêncio fala
tão alto quanto ela —
tal qual — e o martelo
no intervalo da ação
é mudo: cabo de madeira
domesticada, cabeça
de ferro inerte, neutro
objeto em estudo:
pêndulo parado
no tempo da espera.

27 III 2015

219

Quando me rememoro
usando o reiterativo
sistema do mar, onda que se

autorrecupera, mas jamais
igual, e em modo de calmaria
medita sobre sua profundidade
não consigo reunir-me
a contento, não chego junto
a nenhuma conclusão: tanto
continua ocluso, e apesar
do mergulho pretender ser
de pedra, acabo boiando
sem noção de minha medida.

13 IV 2015

220

Vida negativa furiosa.
Cão, câncer, acaso.
O poema encara e se repete
na enumeração da segunda linha
tanto tempo depois, reincidente.
Não para, obrigado à força
a redundar, porque retrata
com perfeição a recidiva do mal
com os mesmos três substantivos.

23 VIII 2015

221

Ninguém me mastiga como eu.
Cada dia é um dente perdido.
O corpo dói e não adormece.
Apodrece, cruel como ninguém.

6 IX 2015

222

Vejo o muro em números.
Um a cada dia se levanta.
Preso numa ilusão implausível.
Não são inúmeros: é só um.
O mesmo, duro, repetido.
Imediato ou a sete palmos.

5 XI 2015

223

Escrever por camadas
com vírgula, acento, ou não.
Ler é quebrar pedra
do que foi escrito
para ver o que a compõe.

A idade geológica
o tempo que levou
para formar a matéria
a história e a memória:
rara, trivial, mista.

E mesmo sem saber
o valor imediato
ir em frente, chegar
a um ponto, que não
é final. É secreto sempre.

18 XI 2015

224

A borboleta parece
que mais se equilibra
do que voa. A gravidade
a ameaça a cada palmo:
antes da folha, da flor
do ramo esticado a tempo
de ampará-la — trêmula
e mesmo se não for brando
um fio de arame farpado
serve de apoio cauteloso.

21 XI 2015

225

Se a memória fosse
uma peneira, as malhas
alargariam sua tensão
com o passar do tempo
deixando que todas
as lembranças, os fios
da fala falhassem
através dos furos
do esquecimento
e tudo perdesse
até o imprestável
o uso e a serventia.

8 XII 2015

226

Ler para passar o tempo
para matá-lo, para dormir.
Ler sublinhando a linha
notável, alerta, e anotar
à margem, o comentário
pró ou contra o autor
ou a personagem em pauta.
E se não der na entrelinha
continuar escrevendo nas costas

da última página, uma ata
sobre, sob a obra que acabou.

30 XII 2015

227

Escrever é ler em outra forma
o que já foi escrito antes.
Começar copiando, e num átimo
sair do trilho da linha, entrar
por um desvio, que não vai dar
em nada — espaço em branco
parado, onde começa de novo
sem metro, usando noutro modo
a tinta das mesmas palavras.

4 I 2016

228

Como seria a vida
se fosse dada
uma prorrogação
a cada um?
Como seria o domingo
de Ana Cristina?
E o oitavo volume

do Tempo Perdido
se Proust tivesse
tido tempo
por exemplo?

1 III 2016

229

O ditado diz
que há luz
no fim do túnel
ou não.
Não diz que o túnel
só tem uma boca aberta.
A outra é fechada.
Não importa
a duração da vida
longa ou breve:
o tamanho do túnel
acaba sendo sempre o mesmo
por incrível que pareça
no espaço elástico.
E com luz
ou sem ela acontece
a morte da metáfora.

7 III 2016

230

Nunca sei de mim.
Não sei do dia
que vai se construir
ou desistir: suicida, natural?

Haverá dor física, anímica
ou a combinação de ambas:
tigre sem trégua
que entra pela noite?

Ou não haverá dia
nenhum, perceptível
que é o mais natural
para quem fica só?

14 V 2016

231

O mesmo ramerrão de sempre:
em incertos momentos
bato com a testa na mesa
quando as palavras
não vêm, para desarrumar
o que já foi escrito com
as palavras que já vieram
que já foram pensadas

e busco no tampo de madeira
as que se entranharam —
antigas — para dizer
outra coisa de maneira
se não nova, diferente.

26 V 2016

232

O poema não é escrito
somente na linha ou no espaço
em branco da folha. O poema
tem entrelinhas que abrem
outros significados, outros
sentidos, e alargam a recepção.

São sentimentos que afloram
mais ou menos, ou de maneira
alguma, em quem escreve
na primeira hora: podem
ser descobertos no acaso
da leitura do crítico e do leitor.

16 VI 2016

233

para Mitsu Kawaguchi

O ápice foi isto.
Neste dia, mês, ano.
Restará ainda o cume
envolto em nuvens
o equilíbrio pontilhado
ou o pico final
é aqui, sem nada
de futuro, novo
por escalar, subir
ver, a não ser
o céu vazio, cego
sem significação?

11 VII 2016

234

Nada é mais nua
do que a pedra.
Física ou quando
o amor empedra
e para por desgosto.
Mostra tudo: a falha
dos dentes, a cicatriz
da ferida, em cima

do borrão da maquiagem
as rugas do tempo franzido
e imóvel, a alma descascada
o aleijão, a carantonha
a beleza nítida da lasca
rápida, lépida, projetada
pelo acaso do vento e do mar
e de quebra, quebra
o espelho, antinarcísica.

21 VII 2016

235

O verso é um trilho
que reaparece num átimo
à flor do aterro trazendo
a condução do brilho inesperado
no chão do dia comum
no instante intrigante:
curiosidade, desconfiança
caminho descoberto, onde o poema
vai acelerando o carro do corpo
do tempo dentro do túnel
mas ele não transcende mais —
dispara — sabe, sempre soube
que luz não há no fim desse túnel
e sim o paredão do desastre sem fim.

29 VII 2016

236

As operações aritméticas
do corpo podem queimar-se
no frio do frio, no fogo do fogo.
O primeiro resultado coagula.
O segundo lambe.
Juntos, inimigos eternos
na natureza se consomem
no mesmo tempo?
Na mesma dor, matematicamente?

18 IX 2016

237

Puxo pela cabeça
o pensamento, a ideia
a palavra se rompe
mesmo não aparteada.

O esforço consegue recuperar
minilembrança esquecida, mas
o curso é cortado
sem a legenda da fala.

Rostos conhecidos
perdem seus nomes
e a história contada
termina no meio

do pensamento, da ideia
da palavra, da lembrança
e a lâmpada acesa
acaba, se apaga.

26 IX 2016

238

O corpo é alarme
de lágrimas que variam
com a mesma aparência:
tristeza e alegria
no mesmo choro
dependentes do sentimento
podendo até vir misturados.
Somente diferem, duras, únicas
quando a dor fere na carne
e em vez de soluços, gritam.

1 X 2016

239

Sumir de mim sem morrer.
Perder a cabeça, deformar-se
a tal ponto de não se conhecer
direito no espelho, entranhar-se

no dia que não é o meu dia
habitual: parado com sua cama
mesa, cadeira, com seu horário
de sempre, mesmo se for
para não ser mais eu e se for preciso
fingir que acredito ser essa(s) outra(s) pessoa(s)
por escrito no papel com diversa(s) heteronímia(s) ou
mímica(s).

3 X 2016

240

Quem se perdeu no sonho?
Pensei que fosse eu que aparecia:
pequeno holograma transparente
num corredor de tempo e cimento.
Depois achei que era ele — grande.
Seria um procurando o outro, perdidos
de si mesmos: cego um e o maior, morto?

6 X 2016

241

O poema quando urge
na cabeça é mais problema
do que outra coisa: colheita

de palavras inevitáveis
ao máximo; duas ou três linhas
decisivas em boa ordem, para cada
dez escritas (algumas dúbias).
Outras que carregam sentidos
duplos, com uma pitada de beleza.
Enquanto você escreve, todos
se afastam de sua mesa
viram as costas, vão embora
te deixam sozinho ou
você os abandona ao tempo
e a conta fecha: noves fora — ninguém.

9 X 2016

242

Escrevo como quem se despede.
A porta fechada, perigosa
de repente abriu-se e ficou
em aberto, batendo no portal
sem vento aparente.
As folhas das árvores não tremem
lá embaixo, não mexem, em nenhuma
roupa no varal, idem, ibidem.

13 X 2016

243

Além da beleza, o feio
se sobressai, singular
fora da ordem de Warhol
dos cartazes e capas repetidas
que de tão vistos são invisíveis
cegos, anônimos, desaparecidos
mas a feiura marca, única
sua presença inesquecível.

13 X 2016

244

Já sei — sinto — que as palavras
começam a me faltar.
Tenho que escrevê-las logo
senão elas deslizam, lisas
e resvalam na pele do pensamento
não chegam na superfície do papel
não deixam marcas, são esquecidas
fugitivas, e o texto falha
enfraquece, perde o rumo original
se apaga na memória que virou borracha.

29 XI 2016

245

Nas paredes internas
da cabeça, grafites, dizeres
de indecifrável linguagem:
XYXXWYHKZOWW
como o da linha acima
no sonho, dentro da
morte experimental do sono.

19 XII 2016

246

Por trás da barba
recém-admitida, mascarado
para ocultar de si mesmo
e do espelho fiel e cruel
os sinais variados da velhice:
verrugas, ceratoses, nevos, câncer
à flor da pele, ou não?!
Sem ter disponível sequer
o recurso, o rosto alternativo
a ilusão ficcional de Dorian Gray.

1 I 2017

247

Não quero que a morte
me mate; antes, quero matar
a morte. Quero escolher
o modo de morrer: bala
faca, veneno, carro, assalto
quero o salto no vazio
não da janela muitas vezes
dado, mas o pulo que não
seguro dentro do meu corpo
e não tenha tempo de ter medo.

11 I 2017

Do autor

POESIA

Palavra. Rio de Janeiro: ed. particular, 1963.
Dual, poemas-práxis. Rio de Janeiro: ed. particular, 1966.
Marca registrada, poemas-práxis. Rio de Janeiro: Pongetti, 1970.
De corpo presente, quarta capa de Mário Chamie. Rio de Janeiro: ed. particular, 1975.
Mademoiselle furta-cor, com litografias de Rubens Gerchman, edição composta e impressa manualmente por Cléber Teixeira. Florianópolis: Noa Noa, 1977. Este livro recebeu, no mesmo ano, uma edição xerocada, contendo um poema inédito, com tiragem de mil exemplares, pelo impressor Daguiberto, sob a supervisão de Luiz Fernando Gerhardt.
À mão livre, prefácio de José Guilherme Merquior. Rio de Janeiro: Nova Fronteira, 1979.
longa vida, prefácio de Ana Cristina Cesar, orelha de Sebastião Uchoa Leite. Rio de Janeiro: Nova Fronteira, 1982.
A meia voz a meia luz. Rio de Janeiro: ed. particular, 1982.
3x4, posfácio de Silviano Santiago. Rio de Janeiro: Nova Fronteira, 1985.
Paissandu hotel, projeto gráfico de Salvador Monteiro. Rio de Janeiro: ed. particular, 1986.

De cor, prefácio de José Miguel Wisnik. Rio de Janeiro: Nova Fronteira, 1988.

Cabeça de homem, prefácio de Luiz Costa Lima, orelha de João Gilberto Noll. Rio de Janeiro: Nova Fronteira, 1991.

Números anônimos, orelha de Laymert Garcia dos Santos. Rio de Janeiro: Nova Fronteira, 1994.

Dois dias de verão, com Carlito Azevedo e ilustrações de Artur Barrio. Rio de Janeiro: 7Letras, 1995.

Cabeza de hombre, prefácio e tradução de Adolfo Montejo Navas. Madri: Hipérion, 1995.

Cadernos de Literatura 3, com Adolfo Montejo Navas. Rio de Janeiro: Impressões do Brasil, 1996.

Duplo cego. Rio de Janeiro: Nova Fronteira, 1997.

Erótica, com gravuras de Marcelo Frazão. Rio de Janeiro: Velocípede, 1999.

Fio terra. Rio de Janeiro: Nova Fronteira, 2000.

3 Tigres, com Vladimir Freire. Rio de Janeiro: ed. particular, 2001.

Sol e carroceria, com serigrafias de Anna Letycia. Rio de Janeiro: Lithos, 2001.

Doble cec, tradução de Josep Domènech Ponsatí. Barcelona: Llibres del Segle, 2002.

Toma de tierra, prefácio e tradução de Adolfo Montejo Navas. Barcelona: Dvd Ediciones, 2002.

Máquina de escrever: Poesia reunida e revista, prefácio de Viviana Bosi, orelha de Sebastião Uchoa Leite. Rio de Janeiro: Nova Fronteira, 2003.

Tríptico, com arte gráfica de André Luiz Pinto. Rio de Janeiro: .doc edições, 2004.

Trailer de Raro mar, plaquete composta por Ronald Polito. Rio de Janeiro: Espectro Editorial, 2004.

Numeral, nominal, tradução de Josep Domènech Ponsatí. Barcelona: Ediciones de 1984, 2004.

Raro mar, prefácio de João Camillo Penna. São Paulo: Companhia das Letras, 2006.

Para este papel, realização de Sergio Liuzzi com acabamento de Paulo Esteves. Rio de Janeiro, 2007.

Tercetos na máquina, plaquete composta por Ronald Polito. São Paulo: Espectro Editorial, 2007.

Rara mar, tradução de Josep Domènech Ponsatí. Barcelona: Café Central; Eumo Editorial, 2007.

Sol e carroceria, edição xerocada, a partir do álbum lançado em 2001 com serigrafias de Anna Letycia, realizada por Sergio Liuzzi. Rio de Janeiro, 2008.

Mr. Interlúdio, com ilustração do autor, realização de Sergio Liuzzi. Rio de Janeiro: Zen Serigrafia, 2008.

Lar, prefácio de Vagner Camilo. São Paulo: Companhia das Letras, 2009.

Pingue-pongue, com Alice Sant'Anna, realização de Sergio Liuzzi. Rio de Janeiro: Zen Serigrafia, 2012.

Dever. São Paulo: Companhia das Letras, 2013.

Rol. São Paulo: Companhia das Letras, 2016.

Dez. Rio de Janeiro: Megamíni, 2017.

Tremor, plaquete com Luis Matuto. Belo Horizonte: Tipografia do Zé, 2019.

Erótica, com Marcelo Frazão, 2. ed. Rio de Janeiro: Villa Olivia, 2019.

Na rua, com André Luiz Pinto da Rocha. Rio de Janeiro: Galileu Edições, 2019.

Tranca, com Sergio Liuzzi. Rio de Janeiro, 2020.
Arremate, com prefácio de Mariana Quadros. São Paulo: Companhia das Letras, 2020.
Cristina, realização de Sergio Liuzzi, Rio de Janeiro, 2021.

ANTOLOGIAS

Uma antologia. Armando Freitas Filho, Vila Nova de Famalicão (Portugal): Quasi Edições, 2006.
Armando Freitas Filho, seleção e prefácio de Heloisa Buarque de Hollanda. São Paulo: Global, 2010. Coleção Melhores Poemas.
Entre cielo y suelo: Una antologia, tradução, seleção e prefácio de Teresa Arijón e Camila do Valle. Buenos Aires: Ediciones Corregidor, 2010.
Armando Freitas Filho, editores: Sergio Cohn, Marcelo Reis Mello e Germano Weiss. Coleção Postal, 2018.
Armando Freitas Filho, Antología personal, tradução e prefácio de José Javier Villarreal. Puebla (México): El Errante Editor, 2019.

PROSA

Trio. Rio de Janeiro: 7Letras, 2018.
Só prosa. São Paulo: Companhia das Letras, 2022.

OBJETO

W — homenagem a Weissmann. Concepção e poema: Armando Freitas Filho. Realização e arte gráfica: Sergio Liuzzi. Bula: Adolfo Montejo Navas. Pintura e acabamento: Paulo Esteves. Rio de Janeiro: ed. particular, 2005.

ENSAIO

Anos 70: Literatura, com Heloisa Buarque de Hollanda e Marcos Augusto Gonçalves. Rio de Janeiro: Europa, 1979.

LITERATURA INFANTOJUVENIL

Apenas uma lata. Rio de Janeiro: Antares, 1980.
Breve memória de um cabide contrariado. Rio de Janeiro: Antares, 1985.

TABLOIDE

A flor da pele, com fotos de Roberto Maia. Rio de Janeiro: ed. particular, 1978.
Loveless!, com gravura de Marcelo Frazão. Rio de Janeiro: Impressões do Brasil, 1995.

INSTALAÇÃO

Cartografia (a partir de *Números anônimos*), de Adolfo Montejo Navas, Belo Horizonte, 1998.

CD

O escritor por ele mesmo — Armando Freitas Filho. Rio de Janeiro: Instituto Moreira Salles, 2001.

DVD

Fio terra, de João Moreira Salles. Rio de Janeiro: Instituto Moreira Salles; Vídeo Filmes, 2006.

FILME

Manter a linha da cordilheira sem o desmaio da planície, de Walter Carvalho. Rio de Janeiro, 2016.

COLABORAÇÃO

Poemas em *Doble Identidad/Dupla Identidade*, de Rubens Gerchman. Bogotá: Arte Dos Gráfico, 1994. Os poemas foram traduzidos para o espanhol por Adolfo Montejo Navas e para o inglês por David Treece.

ORGANIZAÇÃO E INTRODUÇÃO

Inéditos e dispersos — poesia/prosa, Ana Cristina Cesar. São Paulo: Brasiliense, 1985.

Escritos da Inglaterra — tese e estudos sobre tradução de poesia e prosa modernas, Ana Cristina Cesar. São Paulo: Brasiliense, 1988.

Escritos no Rio — artigos/resenhas/depoimento, Ana Cristina Cesar. Rio de Janeiro: Editora da UFRJ; São Paulo: Brasiliense, 1993.

Correspondência incompleta, Ana Cristina Cesar, com Heloisa Buarque de Hollanda. Rio de Janeiro: Aeroplano, 1999.

Ana Cristina Cesar — novas seletas. Rio de Janeiro: Nova Fronteira, 2004.

Poética. São Paulo: Companhia das Letras, 2013.